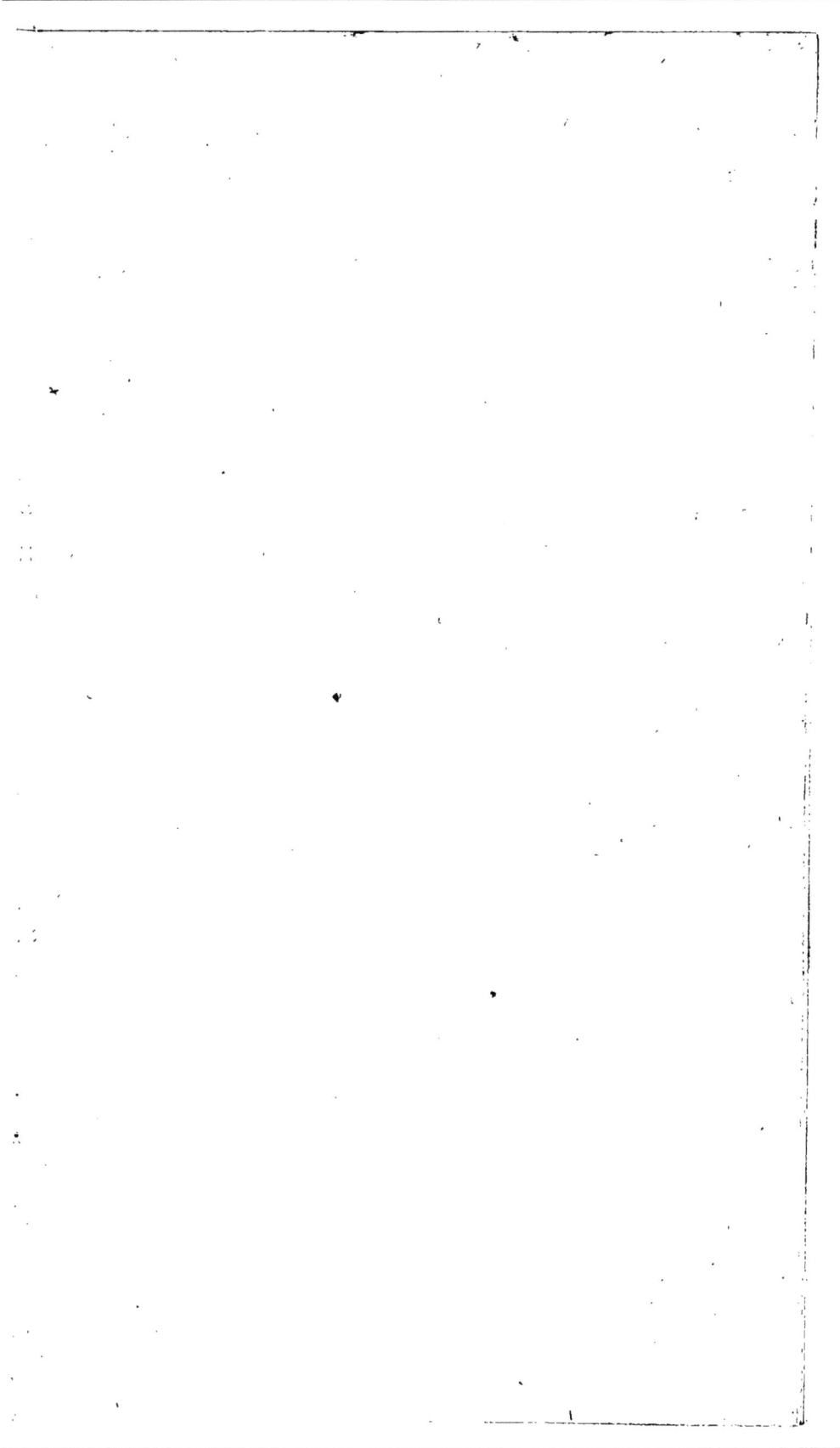

$Lk^7 120$

GUIDE POPULAIRE

DU

VISITEUR ET DE L'ÉTRANGER

DANS LA CATHÉDRALE

DE SAINTE-CÉCILE D'ALBI.

—

TOULOUSE,

IMPRIMERIE DE A. CHAUVIN,

Rue Mirepoix, 3.

—

GUIDE

POPULAIRE

DU VISITEUR ET DE L'ÉTRANGER

DANS LA CATHÉDRALE

DE

SAINTE-CÉCILE D'ALBI

PAR

L'AUTEUR DE LA MONOGRAPHIE DE CE MONUMENT.

Prodesse juvabit...

TOULOUSE, | ALBI,

DELBOY, LIBRAIRE, | **CHAILLOL, LIBR.,**

Rue de la Pomme. | Rue de L'Oulmet.

———

1862.

PRÉFACE.

Tout ce qui tend à vulgariser et à faire connaître la belle cathédrale de Sainte-Cécile d'Albi, nous paraît une œuvre essentiellement utile.

C'est, à la fois, la glorification de l'art, la propagation de la pensée religieuse, un appel aux sympathies et à l'admiration publiques, un hommage de gratitude pour la munificence d'un gouvernement ami des arts et des gloires du passé.

Tel est le but que nous nous sommes proposé d'atteindre, en publiant le *Guide populaire du visiteur et de l'étranger dans la cathédrale de Sainte-Cécile d'Albi.*

Sans doute, notre monographie avait pour

objet de donner satisfaction au sentiment que nous exprimons (1). Mais si cette œuvre , par ses développements et ses détails, les considérations qu'elle contient , les appréciations artistiques qu'elle comporte , semble plus en rapport avec l'importance du monument , le visiteur et l'admirateur enthousiastes veulent apercevoir d'un coup d'œil rapide et comme dans un même tableau les merveilles d'un édifice qui saisit l'esprit le plus froid et le plus blasé sur les croyances religieuses et sur les effets de l'art. Nous avons voulu satisfaire à une nécessité depuis longtemps sentie (2).

(1) *Monographie de la cathédrale d'Albi* : 1re édition 1841 ; 2me 1850 ; 3me , avec suppléments inédits , 1861.

(2) Ce but eût été rempli par la récente et intéressante publication du vénérable ecclésiastique archiprêtre de la cathédrale (*Rapport sur la cathédrale d'Albi, adressé, en 1842, à Son Excellence le Ministre de la justice et des cultes, par M. B. Caminade , archiprêtre de la cathédrale , 1862*); mais se bornant à interpréter et à décrire la situation ancienne, l'estimable auteur , par la condition même de son ouvrage , laisse le lecteur étranger aux nouvelles transformations introduites dans le monument.

Cette tâche, qui paraît facile au premier abord, a ses écueils : si la sobriété est la première condition de son accomplissement, il y a à éviter des lacunes regrettables, comme aussi à se défendre de l'anathème prononcé par le poëte : *brevis esse laboro, obscurus fio.* Puisse ce simple et nouveau travail populariser un monument si digne de notre admiration !.... puisse-t-il nous procurer la satisfaction que nous recherchons, celle d'être utile ! *prodesse juvabit.....*

HIPPOLYTE CROZES.

GUIDE POPULAIRE

DU

VISITEUR ET DE L'ÉTRANGER

DANS LA CATHÉDRALE

DE SAINTE-CÉCILE D'ALBI.

Fondation et construction de l'église.

La cathédrale de Sainte-Cécile d'Albi, fondée par Bernard de Castanet, évêque d'Albi, le jour de l'Assomption, 15 août 1282, fut consacrée le 23 avril 1480 et terminée en 1512, c'est-à-dire 230 ans après sa fondation.

Description de l'église à l'extérieur.

Sa construction. — La cathédrale de Sainte-Cécile est entièrement construite en briques. Elle a hors d'œuvre 113m 50 de longueur, et 32 mètres de largeur ; les murs ont 2m 50 d'épaisseur. Ils sont flanqués à des distances égales de contre-forts à demi elliptiques qui forment la base des tourelles qui sont en voie de construction.

Hauteur du monument. — L'église, avant sa restauration, n'avait de hauteur, depuis la première marche de la porte de Dominique de Florence à son sommet, que 33 mètres.

L'église restaurée aura 56m 50, y compris l'élévation des tourelles et la croix en fer qui doit les surmonter.

Clocher. — Le clocher est de forme carrée. Des tours placées à deux de ses angles s'élèvent jusqu'au sommet qui se termine par une plate-forme octogone de 64 mètres de surface. Dans ces tours sont construits des escaliers en pierre dont l'un a 366 degrés. Sa hauteur est de 130 mètres au-dessus du niveau des eaux du Tarn et de 78m 75 au-dessus du sol. Les murs de l'église n'étant autrefois que de 33 mètres, la grande tour était élevée de 45m 55 au-dessus de l'église. Aujourd'hui la hauteur des murs et des tourelles s'élevant à 56m 50, le clocher ne dépassera les tourelles que de 22m 05, hauteur évidemment insuffisante pour une si lourde masse.

Premier portail dit de Dominique de Florence. — Le premier portail donnant entrée au degré qui conduit à l'église fut construit en 1380, par Dominique de Florence, alors évêque d'Albi. Il est en pierre et enrichi de toute la grâce de la sculpture italienne.

Grand portique et baldaquin. — L'escalier conduit à une plate-forme sur laquelle s'ouvre la principale porte de l'église. Là, sur un espace de 12 mètres en carré, s'élève un magnifique portique, commencé, vers la fin du quinzième siècle, par Louis d'Amboise Ier et continué par ses successeurs, savoir: l'évêque Gouffier, les cardinaux Duprat et de Lorraine dont on voit les armes sur toutes les faces de ce monument.

Restauration du baldaquin. — Ce monument est l'objet d'une complète restauration, confiée à M. Léon-Joseph Nelli. La voûte du porche extérieur sera rétablie ce qu'elle devait être dans l'origine, ainsi que l'indiquent les amorces existantes.

Le grand escalier sera reconstruit suivant l'ancien plan. Il aura 50 marches, avec de larges trépoirs.

Description de l'église à l'intérieur.

Coup d'œil général. — Une vaste nef sans pilier, dont la disposition semble doubler l'étendue, un jubé magnifique, des voûtes en ogive, sur lesquelles s'étend un immense rideau d'azur, impriment à l'intérieur de ce temple un caractère de grandeur et de majesté qui saisit l'esprit et élève l'âme de celui qui le contemple pour la première fois.

Système d'architecture. — Le système d'architec-

ture qui a présidé à la construction de la cathédrale
de Sainte-Cécile, démontre qu'elle a été édifiée dans
le temps où l'architecture gothique avait atteint son
plus haut degré de perfection. Mais on y remarque le
passage de ce style au genre moderne. Les arcs sont
plus ouverts, la courbure ogive beaucoup plus gra-
cieuse.

Dimensions intérieures. — La longueur de l'église
dans œuvre, sans y comprendre la profondeur des
chapelles placées aux deux extrémités, est de 97^m 05,
et, en y ajoutant cette profondeur, de 107^m 25.

Sa largeur aussi dans œuvre est de 19^m 50, et en
tenant compte de la profondeur des chapelles, de
28^m 28.

L'épaisseur des murs, avec les chapelles des deux
côtés, prend 10 mètres en moyenne.

La hauteur de la voûte est de 30 mètres au-dessus
du pavé.

La porte principale aurait dû être ouverte au-
dessous de l'orgue. Les chroniques du pays font
connaître le motif de cette disposition. Le point où
le clocher est construit formait autrefois la limite de
deux communautés différentes, celle de la ville et
celle du Castelviel. Placée à l'extrémité du monument,
cette porte se serait ouverte hors du territoire sur
lequel l'église elle-même a été construite.

Porche intérieur et mise à jour des sculptures qui

ornent la voûte de ce porche. — Une voûte, établie en
1747 dans le porche intérieur de la grande porte, ca-
che la magnifique décoration qui orne cette superbe
entrée. La voûte va être démolie. Les sculptures mi-
ses à jour présenteront un des plus remarquables objets que le monument offre à celui qui le visite. La
grande croisée anciennement fermée, dont l'ouverture est arrêtée, projettera son jour tant sur les
sculptures de cette porte que sur la façade du
jubé.

Nef et nombre de chapelles. — L'église est divisée
par le jubé en deux parties presque égales. Tout
autour sont pratiquées 29 chapelles au-dessus
desquelles règnent de spacieuses galeries placées
à moitié de la hauteur de l'édifice. 9 d'entre elles
sont ouvertes dans la nef. Dans ce nombre ne sont
pas comprises l'entrée du clocher, celle de l'orgue,
non plus que la chapelle de Saint-Clair, qui termine
la nef et fut ouverte, en 1693, par M. Legoux de la
Berchère, qui la dédia à saint Clair, premier évêque
d'Albi.

Baptistaire. — La chapelle du baptistaire renferme
un groupe en stuc et en marbre.

Chaire. — La chaire, aussi en stuc et en marbre,
est un des objets qui fixent le plus l'attention, par ses
formes majestueuses. Quoique peu en harmonie avec
le genre de l'édifice, c'est là un bel hors-d'œuvre.

Il en est de même des décorations de la chapelle de Sainte-Marie-Majeure, placée à l'abside.

Les trois compositions dont nous venons de parler ont été exécutées en 1776, par deux artistes italiens, Mazetti et Maderni.

Orgue. — L'orgue, dont la construction remonte à l'année 1736, est l'ouvrage de Christophe Moucherel, natif de Tours, l'un des plus célèbres artistes qui aient paru en Europe. Il est dû à la munificence de Mgr de Castries, alors évêque d'Albi.

Sculptures.

Le jubé, le chœur. — *Epoque de leur construction.* — Le jubé et le chœur ont été construits en 1500, par l'évêque Louis d'Amboise.

Jubé. — *Ses dimensions, sa décoration.* — Le jubé est construit en pierre. Sa largeur, sans y comprendre la partie où se trouve le double escalier qui y conduit, est de 4m 23 ; elle est, en y comprenant cet espace, de 7m 15. La façade du jubé est une des plus magnifiques décorations du genre gothique connues. Elle a 18m de largeur et 8m 20 de hauteur.

Chœur. — *Son ornementation à l'intérieur.* — Les sculptures qui ornent le chœur présentent la même richesse que celles du jubé. 72 niches renferment autant de petites statues d'anges sculptées dans les proportions de 0m 30 de hauteur, travaillées avec goût et variées avec intelligence. Au-dessus des portes latérales paraissent les statues des deux empereurs chrétiens Constantin et Charlemagne. Le sanctuaire renferme celles des douze apôtres tenant chacun dans leurs mains des légendes dont l'ensemble forme le *Credo*, qui est le symbole de la foi chrétienne.

La statue de la Vierge, placée derrière l'autel, est un chef-d'œuvre de pose et d'expression simple et naïve.

Statues placées au pourtour du sanctuaire, à partir de la porte latérale droite :

1. S. Mathias.
2. S. Simon.
3. S. Bartholomœus.
4. S. Thomas.
5. S. Joannes.
6. S. Joannes.
7. S. Jacobus.
8. La Ste Vierge.
9. S. Joannes Baptista.
10. S. Petrus.
11. S. Marcus.
12. S. Jacobus.
13. S. Mateus.
14. S. Philippus.
15. S. Judas.

Dimensions du chœur. — La longueur totale du chœur est de 36m 72.

Sa largeur, en y comprenant les stalles au nombre de 120, est de 10m 19.

Ornementation du chœur à l'extérieur. — L'extérieur du chœur est orné avec luxe. Ses pieds droits supportent des statues représentant les grands et les petits prophètes et quelques autres personnages de l'Ancien-Testament. Chacune d'elles tient dans ses mains des cartouches sur lesquelles sont gravées des inscriptions tirées des livres saints.

Statues du pourtour extérieur du chœur. — (En commençant à la porte latérale droite des collaté-raux du chœur, côté de la sacristie.)

1.	Rex Josaphat.	19.	Jeremias.
2.	Esther, regina.	20.	Isaïas.
3.	Tobias.	21.	Osée.
6.	Rex Salomon.	22.	Sophonias.
7.	Baruth.	23.	Micheas.
8.	Abacuth.	24.	Daniel.
9.	Jonathas.	25.	Aggæus.
10.	Ezéchiel.	26.	Abdias.
11.	Malachias.	27.	Cette statue ne porte
12.	Johel.		pas de nom.
13.	Amos.	28.	Job.
14.	Zacharias.	29.	Judith.
15.	David.	30.	Esdras.
16.	Jacob.	31.	Jonas.
17.	Siméon pro J.-B.	32.	Nahum.
18.	Zacharias.	33.	Rex Josias.

Symbolique du jubé et du chœur. — Dans le jubé et dans le chœur, comme dans les peintures de la

voûte, se révèlent une suite, un ordre qui nous ini-
tient à la pensée de l'artiste : — l'Ancien-Testament
qui prélude à la loi nouvelle ; — à l'extérieur et au
pourtour du chœur, les prophètes et les patriar-
ches annoncent la venue du Messie. — On passe
par le jubé pour entrer dans le séjour du ciel.
Dans le chœur, une multitude d'anges célèbrent
les louanges de Dieu. Autour du sanctuaire, les
apôtres, et la mère de Dieu à leur tête, tiennent
le premier rang dans le ciel, comme ils eurent la
première place dans la grande œuvre de la rédemption.

Peintures.

Les murs et les voûtes de Sainte-Cécile sont cou-
verts, dans toute leur étendue, d'admirables peintures à fresque qui en font le principal ornement.

Tableau du jugement et de l'enfer. — Les plus anciennes sont celles que l'on voit dans le fond de la nef,
sur les deux tours qui forment l'encadrement de la
chapelle de Saint-Clair. Ces fresques, rongées par la
poussière, sont précieuses par leur antiquité, par la
naïveté du dessin et les inscriptions en vieux idiome
qui en expliquent l'objet. La formation de la chapelle,
ouverte en 1693, a mutilé cette vaste page de l'art du
moyen âge. On reconnaît dans cette composition, qui

est de la fin du quatorzième siècle, la manière vivacé
et originale des disciples de l'école de Gioto.

Voici les inscriptions avec leur orthographe :

« S'ensuyvent les peines des dampnes selon les
» sept peches mortels en dessus peinctes.

1º *La peine des orguilleus et orguilleuses.*

» Les orguilleus et orguilleuses sont pendus et atta-
» ches sur des roues situees en une montaigne en
» maniere de molins continuelement en grande im-
» petuosite tornans.

2º *La peine des envieus et des envieuses.*

» Les envieus et envieuses sont en ung fleuve
» congele, plonges jusques au nombril et pardessus
» les frape ung vent moult froit et quant veulent icel-
» luy vent eviter se plongent dedans la dite glace.

3º *La peine des yreus et des yreuses.*

» Les yreus et les yreuses sont en une cave obs-
» cure pleine destaux et de botiques et bancs come
» en une bocherie esquiele sont demons armes de
» cousteaux tranchans pour les punir de la felonie (1).

(1) Cette inscription n'est pas entière, et la scène qu'elle indiquait
a été détruite par la coupure faite dans le mur, lors de la construction de la chapelle ouverte en 1693.

4° *La peine des pigres et pigresses.*

» Les pigres et pigresses sont en ung lieu d'enfer
» esquiel a grande quantite de serpens gros et me-
» nus pour tormenter et naurer de morsures et nau-
» reures les dicts pigres et pigresses (1).

5° *La peine des avaricieus et avaricieuses.*

» Les avaricieus et avaricieuses sont en ung lieu
» plein de grandes chaudieres pleines de divers
» metauls fondus et boulhans du feu d'enfer et au de-
» dans des dictes chaudieres sont plonges les avari-
» cieus et avaricieuses pour les saouler de leur ava-
» rice.

6° *La peine des glotons et glotes.*

» Les glotons et glotes sont en une vallee ou a ung
» fleuve ort et puant au rivage duquiel a tables gar-
» nies de toualles tres ordres et deshonestes ou les
» glotons et glotes sont repeus de crapauls et abreuves
» de leaue puancte du dict fleuve.

(1) Cette inscription et le tableau qu'elle indiquait ont disparu en
entier; on la trouve, ainsi que le complément de l'inscription pré-
cédente, dans un vieux manuscrit répandu dans le pays; elle est
reproduite dans les *Etudes historiques sur l'Albigeois*, par M. Clé-
ment Compayre, pages 123 et 124.

7º *La peine des luxurieus et luxurieuses.*

» Les luxurieus et luxurieuses sont en une cham-
» paigne pleine de puys profonds pleins de feu et de
» soulfre gectans fumees horribles et puantes elquiels
» les luxurieus sont loges pour eschaufer du toust
» leur puante luxure. »

Chapelle des deux saint Jean et du Sépulcre. —
Les fresques qui décorent ces deux chapelles remon-
tent au commencement du quinzième siècle.

Dans la première est représenté le jugement de
saint Jean par Domitien et son martyre devant la
porte latine. On voit à gauche le baptême du Sauveur et les scènes de la mort et de la décollation de
saint Jean-Baptiste.

Dans la seconde, celle du Sépulcre, on voit le
portement de la croix et la trahison de Judas.

Chapelle de la Sainte-Croix. — Les peintures qui
ornent cette chapelle et qui sont du milieu du quinzième siècle, sont bien autrement remarquables.
Elles attirent l'attention de tous les amis de l'art.

Deux tableaux représentent l'apparition de la
croix à Constantin, sa rencontre avec Maxence et
sa victoire ; l'entrée de sainte Hélène à Jérusalem
où elle va reconnaître la croix du Sauveur.

Les autres peintures qui ornent les chapelles et
les murs sont à la date de 1510 à 1520.

Peintures de la voûte.

Les peintures qui ornent les voûtes de Sainte-Cécile forment le plus grand ouvrage à fresque qui ait
jamais existé. On est étonné de leur fraîcheur et
de leur conservation (1). Ce travail, commencé en
1502 par Louis d'Amboise, fut continué et achevé
en 1510 par Charles de Robertet. On reconnaît
à la différence du dessin le point qui sépare cette
reprise. La première partie comprend tout le dessus
du chœur et du jubé ; on y voit les armes d'Amboise
composées de trois pals d'or en champ de gueules,
tandis que dans l'autre sont placées celles de Charles
de Robertet, qui consistent en une cotice d'or chargée
d'une aile de corbeau en champ de gueules. On
reconnaît dans ces peintures la touche un peu dure
du Pérugin. Elles ont été exécutées par des élèves
de Raphaël.

*Symbolique et détail général des peintures de la
voûte.* — Ces peintures portent un caractère symbolique et ce n'est pas au hasard que le peintre a par-
semé ces voûtes de médaillons et de tableaux.

(1) Les peintures de la voûte sont d'une parfaite conservation.
Une analyse récente, faite par M. Limouzin-Lamothe, chimiste à
Albi, et confirmée par M. Filhol de Toulouse, établit que le bleu
des fresques est fait avec de l'hydrocarbonate de cuivre.

La génération de l'homme-Dieu, *préparée des l'origine du monde, promise, figurée, prédite, réalisée ;* voilà toute la symbolique des peintures de la voûte.

1º *Génération du Christ.* — Côté occidental de l'église (côté de l'orgue) dans les faces latérales du milieu de la voûte (1re, 2e, 3e et 4e ogives) personnages composant la génération du Christ.

2º *Promesses.* — Entre la 5e et la 6e ogive, Jacob personnifie en lui toutes les promesses du Sauveur.

3º *Figures.* — Entre la 5e et la 6e ogive, Joseph, Moïse et Jonas présentent les principales actions du Messie promis.

4º *Prophéties.* — Entre la 8e et la 9e ogive : David, Isaïe, Michée et Zacharie. — Entre la 9e et la 10e : Osée, Daniel, Aggée, Baruch.

Enfin, entre la 11e et la 12e ogive, se trouvent réunis dans un même tableau, au moment où le Messie va paraître, *promesses, figures, prophéties,* savoir : Abraham, père des croyants ; Isaac, son fils, dont le sacrifice est la figure de celui du Christ, et le saint vieillard Siméon.

De grands tableaux, intercalés dans le milieu de la voûte, sont aussi la représentation de cette même idée symbolique.

L'Annonciation entre la 7e et la 8e ogive, dont le tableau a pour pendant *le couronnement de sainte Cécile et de sainte Valérie.*

La Vierge couronnée par le Sauveur, entre la 10e

et la 11e ogive, et qui a pour pendant *le tableau des Vierges sages de l'Evangile.*

Ces tableaux sont l'apothéose de la vertu et de la femme en particulier, parce qu'une femme va devenir la mère de Dieu.

Entre la 10e et la 11e ogive, Joachim, saint Anne, saint Joseph, saint Jean-Baptiste annoncent que la rédemption est proche.

5o *Avénement du Messie.* — Enfin Jésus-Christ paraît (dans l'intrados formé par les arcs du rond-point et la 12e ogive) ; il tient en ses mains le Livre de la loi. Auprès de lui sont les quatre évangélistes représentés par les quatre animaux qui sont leur symbole, l'ange (saint Mathieu), le lion (saint Marc), l'aigle (saint Jean), le taureau (saint Luc) ; les quatre docteurs de l'Eglise : saint Grégoire, saint Ambroise d'un côté, saint Jérôme et saint Augustin de l'autre; enfin Adam et Eve dont le péché est racheté par la venue du Messie.

Tout est changé par la prédication de la loi nouvelle. A la suite des vertus païennes, *la force, la prudence, la tempérance et la justice,* dans les pendentifs, entre la 11e et la 12e ogive, on voit apparaître, entre la 10e et la 11e ogive, les vertus chrétiennes, *la foi, l'espérance, l'humilité, la charité.*

La religion du Christ est confirmée par une légion de martyrs, de docteurs, de pontifes, de religieux, de saints, que l'on aperçoit dans les pendentifs des voûtes en remontant de l'orient à l'occident.

Par là Dieu a manifesté l'éclat de sa religion, comme autrefois il manifesta sa gloire à ses disciples sur le Thabor dans sa transfiguration et dans le cénacle. (Voir ces deux scènes représentées entre la 4e et la 5e ogive.)

Restauration des peintures. — Les peintures de Sainte-Cécile ont souffert de l'incurie, de l'ignorance ou du vandalisme des hommes. Elles réclament une réhabilitation intelligente.

On a inauguré cette œuvre par la restauration des voûtes et des murs de l'abside. Cet important travail, qui sera suivi de la restauration générale et successive de toutes les peintures, est en cours d'exécution et est confié à M. Alexandre Denuelle, peintre décorateur à Paris, auteur des peintures du Louvre, de Sainte-Clotilde et de plusieurs autres églises de Paris.

Verrières. — Les anciens vitraux ont disparu sous la main du temps ou par l'effet de l'incurie de ceux qui auraient dû veiller à leur conservation.

Leur restauration est confiée à M. Antoine Lusson, peintre-verrier à Paris, qui s'est associé dans cette œuvre à M. Steinhel, dessinateur de mérite, tous deux auteurs, l'un comme verrier et l'autre comme peintre, des vitraux de la Sainte-Chapelle. Déjà les cinq fenêtres de l'abside sont en cours d'exécution.

Partie architectonique.

Déviation des axes. — L'église de Sainte-Cécile présente, comme plusieurs églises du moyen âge, la triple déviation dans l'axe longitudinal sur lequel elle est construite. Ces déviations ont pour objet d'indiquer la forme et les proportions du Christ en croix.

Le premier axe sur lequel est établi le clocher et qui va de droite à gauche représente la tête du Christ.

Le second, qui rappelle le corps du Sauveur, comprend la nef jusques environ vers les piliers du jubé.

Le troisième enfin, qui incline de droite à gauche, figure la partie inférieure du corps.

Orientation de l'église. — Suivant les anciennes traditions, l'église de Sainte-Cécile est parfaitement orientée. L'autel est à l'orient. Des cadrans solaires placés sur les deux faces de l'arc de triomphe qui décore la grande porte d'entrée, marquent la moitié du jour. Le soleil quitte à midi celui de droite pour passer sur l'autre à une heure. L'inscription qui suit indique ce mouvement :

Tyndaridæ alternis fratres vixere diebus.
  At nobis vitam dividit una dies.
Mutua sic homines utinam concordia jungat :
  Ut sibi partiri commoda cuncta velint.

2

Il existait, avant la Révolution, au-dessus du Christ placé sur le jubé, un globe en bronze, dans le milieu duquel une ouverture avait été pratiquée d'une manière horizontale. A l'époque des deux équinoxes, les premiers rayons du soleil qui passaient à travers le vitrage supérieur de la chapelle de Sainte-Marie-Majeure, placée dans le milieu des ailes du chœur, traversaient le globe et allaient se dessiner sur l'orgue à l'extrémité de l'église opposée à cette chapelle. Ce spectacle attirait, à ces deux époques de l'année, un grand concours de curieux.

Mutilations. — Restaurations.

Mutilations. — A l'époque déplorable où le génie des arts eut à gémir de tant de destructions, la cathédrale d'Albi échappa, comme par miracle, au décret de proscription qui avait été porté contre elle ; M. Mariès, ingénieur en chef, dont le nom est devenu recommandable par ses lumières et par ses travaux, prit sur lui d'exposer au gouvernement que la gloire nationale était intéressée à la conservation de cet édifice. Cette démarche eut un entier succès et le monument fut soustrait à une ruine qui paraissait inévitable.

Mais déjà à cette époque, il avait été déshonoré par des mutilations. Le maître-autel du chœur, chef-d'œuvre de richesse et de perfection, l'aigle magni-

fique qui servait de pupitre, l'immense croix
de bronze doré qui dominait le jubé, les grilles
artistement travaillées qui fermaient les chapelles
et s'élevaient jusqu'à la naissance de l'arc ogive,
les statues qui ornaient le jubé et dont on voit
les places vides, furent sacrifiés au fanatisme de l'é-
poque.

Le jubé et le chœur ont subi de nombreuses mutilations ; les peintures ont aussi été l'objet de regrettables détériorations.

Il n'existe plus que quelques fragments des anciennes verrières détruites par les ravages du temps
et par l'effet de la Révolution.

A l'extérieur, les abords de l'édifice, ces portes
mutilées, ces niches vides, montrent suffisamment
tous les ravages que le monument a subi dans les
temps de nos désastres.

La cathédrale d'Albi, comme toutes les églises du
moyen âge, était environnée de constructions colos-
sales affectées au service de l'église, au logement
des chanoines, des prêtres et des clercs. A gauche
de la grande porte existait une chapelle dite chapelle
de Cueysse, du nom de l'ecclésiastique qui l'avait
construite à ses frais pour la sépulture des chanoines. Sa construction remontait à la même époque
que celle du jubé et présentait encore plus de richesse et plus de profusion dans les détails. Elle fut
entièrement détruite par la Révolution.

Les autres bâtiments qui formaient l'enceinte de l'église ont été successivement détruits.

Restaurations. — Les travaux de restauration de la cathédrale d'Albi, commencés en 1850, se poursuivent, avec autant de bonheur que d'intelligence, sous la direction de M. César Daly, rédacteur de la *Revue générale de l'architecture et des travaux publics.* Les projets de ces travaux, déposés au ministère de l'instruction publique et des cultes, prévoient l'achèvement et la restauration de ce monument à l'extérieur, sa complète restauration à l'intérieur.

Ils comprennent à l'extérieur :

Le changement du système général de toiture et de couronnement de l'édifice ;

La restauration du baldaquin, de la porte d'entrée et du porche intérieur ;

La reconstruction, d'après l'ancien plan, du grand escalier qui y conduit ;

Le remplacement des briques détériorées et le ragrément général des murs.

La restauration générale de l'intérieur comprend :

Les sculptures du jubé et du chœur ;

La reconstruction du grand autel ;

Les peintures murales et celles de la voûte ;

Le rétablissement des verrières.

Dégagement et isolement de la cathédrale.

L'église de Sainte-Cécile est obstruée à l'est par des habitations particulières adossées à l'église même, contrairement aux canons et aux règles de l'architecture. — Le dégagement de cet édifice, si désirable à tous égards, est, dans ce moment, l'objet de la préoccupation de l'administration (1).

(1) Sur notre proposition, le conseil général du Tarn, dans sa session de 1861, a émis un vœu pour le dégagement et l'isolement de la cathédrale de Sainte-Cécile d'Albi ; nous croyons savoir que l'administration supérieure a accueilli ce vœu avec la plus grande sympathie.

SYNTHÈSE

ET

TABLEAU SYNOPTIQUE

DES EPOQUES DE LA FONDATION ET CONSTRUCTION DE LA CATHÉDRALE D'ALBI,
DES ÉVÊQUES QUI Y ONT CONCOURU ET DES DIMENSIÓNS DES
DIVERSES PARTIES DE L'ÉDIFICE.

Époques de la fondation et construction. — Évêques qui y ont concouru.

Fondation de l'église , par Bernard de Castanet. . .   1282
Les constructions furent continuées par :
    Berauld de Fargis. . . . . 1314 à   1334
    Dominique de Florence, 1er portail qui porte son
      nom. . . . . 1379 à   1380
    Jean de Saya. 1382
    Clocher jusqu'à la toiture, par Guillaume de La Voulte.   1383
    Peintures du jugement et de l'enfer, de la chapelle
      du Saint-Sépulcre et de Saint-Jean , par Domini-
      que de Florence et Pierre II neveu. 1400

Dimensions.

Longueur de l'édifice hors d'œuvre.	113ᵐ	50
Largeur id. id.	32	50
Epaisseur des murs.	2	50
Hauteur des murs anciens.	33	»
Hauteur des murs nouveaux , exhaussement. . . .	7	»
Balustrade.	1	10
Tourelles.	6	80
Flèche ou pyramide.	6	10
Croix en fer.	2	50
D'où : hauteur des murs, sans y comprendre les tourelles.	40	»
Hauteur de l'édifice , balustrades , tourelles , flèche et croix comprise.	56	50
Hauteur du clocher au-dessus du sol , à partir de la première marche de la porte de Dominique de Florence.	78	55
Elévation du clocher au-dessus des anciens murs. .	45	55
Élévation actuelle du clocher au-dessus de la croix des tourelles.	22	05
Longueur de l'église dans œuvre, en y comprenant la profondeur des chapelles.	107	25
Longueur , sans y comprendre cette profondeur. .	97	05
Largeur , en y comprenant les chapelles.	28	28
Largeur , sans y comprendre les chapelles. . . .	19	50
Hauteur de la voûte au-dessus du pavé.	30	»
Largeur du jubé.	4	23
Largeur , en y comprenant l'escalier qui y conduit.	7	15

— 34 —

Longueur de la façade du jubé du côté de la nef.. 18 》
Hauteur de cette façade. 8 20
Longueur du chœur. 36 72
Largeur, stalles comprises. 10 19
Hauteur de l'enceinte des murs du chœur. . 6 54